D0436641

A Treasury of Italian Cuisine

Recipes, Sayings and Proverbs In Italian and English

by

Don Peppino Privitera

Drawings by Sharon Privitera

Hippocrene Books
New York

For information, address:
HIPPOCRENE BOOKS, INC.
171 Madison Avenue
New York, NY 10016

ISBN 0-7818-0740-9

Printed in the United States of America

For My Father and Mother

Luigi and Grazia Privitera

Who did not know

They were Gourmet Cooks

Contents

PREFACE

Whenever we list *grated parmesan cheese*, you may use instead any of the many good hard Italian cheeses, e.g. romano, sardo, pecorino, Sicilian or Sardinian grating cheese, etc.

When we refer to tomato sauce, we mean the *Basic Tomato Sauce*, described in the Pasta and Sauces section.

Most of our recipes call for olive oil. As you go north of Rome, you will find that more butter than oil is used in cooking. This is probably due to the fact that there are few olive groves in northern Italy.

We have given you the basics. Once you handle them with ease, feel free to improvise, add or remove ingredients to suit your taste. No recipe is frozen in time. Any recipe you see here or elsewhere should serve only as a guide. Each cook must feel free to change, adapt and create.

But keep it simple and do not overload your recipe. Your goal must be to bring out the natural goodness and flavor of each ingredient in the shortest and most direct manner possible.*That is true gourmet cuisine*.

INTRODUCTION

Gone are the days when mama labored for hours over a hot kitchen stove to feed the family delicious meals. The economy being what it is, mama is now out at work, earning money to help pay the bills.

But she still wants to put savory meals on the table; lacking time, however, she must resort to a more simple cuisine that takes much less time and yet satisfies the family's desire for delicious food.

It is with this in mind that we have put together a *Treasury of Italian Cuisine*, which offers the family and the busy single some of Italy's tastiest dishes; they are all simple and almost all of them can be prepared in under an hour.

To add flavor, we've given the recipes both in English and Italian. So...

Ecco la bella cucina italiana che vi farà scialare.

Here are some lovely Italian recipes that will gladden your heart.

Dr. Joseph F. Privitera (a.k.a. Don Peppino)

GLI ANTIPASTI

L'antipasto fa venire l'acquolina in bocca.

THE ANTIPASTI

Literally, before the meal, *anti, before — pasto, the meal*, appetizer, in plain English. The purpose of the antipasto is to whet the appetite — little tidbits to get the juices flowing. Unless there are invited guests, the family does not usually offer this dish. For the most part, one finds it in restaurants.

From time to time, however, when the family is large, or one has close friends to dinner, an elaborate antipasto is offered as the complete meal.

What makes up an antipasto? There is no specified recipe, though some dishes frequently find their way into the offering: melon or figs and prosciutto, cheeses, red peppers in a vinaigrette sauce, caponata, to name but a handful. In preparing an antipasto, bear two things in mind — make it tasty and tempting, but don't overload it with so many choices that the guests will gorge themselves on this first dish and lose their appetite for the food that follows.

The antipasto makes the mouth water.

CAPONATA

2 melanzane medie
1/2 coppa di olio d'oliva
2 cipolle affettate
1 coppa di sedano tagliato in pezzetti
1 scatola (15 oz) di pomodori tagliati in pezzetti
1 scatola (15 oz) di olive, senza noccioli

2 cucchiai di capperi
1 cucchiaio di pignoli
sale e pepe
2 cucchiaiate di zucchero
1/4 coppa di aceto di vino rosso

Riscaldate l'olio in una terrina e quando è ben caldo, mettetevi le melanzane tagliate a dadi. Gettatevi qualche pizzico di sale e pepe. Quando sono imbiondìti, ritiratele e mettetele in una casserola.

Soffrigete le cipolle nello stesso olio e quando sono imbiondite aggiungetevi il sedano e il pomodoro. Lasciate soffrigere, e quando il sedano è tenero, aggiungetevi le olive, i capperi e i pignoli. Aggiungete questa miscela alle melanzane.

Riscaldate l'aceto e aggiungetevi lo zucchero e versatelo nella melanzana. Coprite la casserola e lasciate sobbollire per 30 minuti, mescolando ogni tanto. La caponata si può servire calda o fredda.

La suddetta dose serve per 6 a 8 persone.

EGGPLANT RELISH

2 medium-sized eggplants
1/2 cup olive oil
2 onions, sliced
1 cup diced celery
1 can (15 oz) diced tomatoes
1 can (8 oz) pitted olives
2 tablespoons capers
1 tablespoon pine nuts
Salt and pepper
2 tablespoons sugar
1/4 cup red wine vinegar

Wash, dry and dice eggplants into 1 inch cubes. Fry in hot oil until soft and slightly brown. Remove eggplant to large saucepan.

In the same pan, fry the onions slowly until brown, then add celery and tomatoes. Simmer until the celery is tender. Stir in olives, capers, nuts, salt and pepper and add this mixture to eggplant.

Dissolve sugar in vinegar and add to eggplant. Mix well, cover and simmer for 30 minutes over low flame. Stir occasionally.

May be used as an appetizer or a side dish. It can also be used as a sandwich filler. May be served hot or cold.

Serves 6 to 8.

COZZE ALLA PARMIGIANA

36 cozze; lavatele bene e toglietevi la barba che esce dalla conchiglia. Gettate via quelle che non rimangono chiuse.
uno spicchio d'aglio, sottilmente tritato
1/4 coppa di molliche di pane
2 cucchiaiate di prezzemolo, minutamente trinciato
1/8 cucchiaina di pepe grattato
1 cucchiaina di origano secco
6 cucchiaiate di parmigiano grattato
4 cucchiaiate di olio d'oliva

Mettete le cozze in una pentola con un 1/4 bicchiere di acqua. Fuoco grande finchè aprino. Quando freddano, togliete le cozze dalle conchiglie e gettate via le metà di 36 conche. Mescolate tutti gli ingredienti per fare una pasta morbida. Mettete le cozze nelle 36 conche che rimangono and copritele con la suddetta pasta. Mettetele in una teglia e nel forno. Potrete servirle dopo 5 minuti.

Servirà per 6 persone.

BAKED MUSSELS

36 mussels, scrubbed and washed; cut off the tufts that protrude from the shells.Discard any that won't stay closed.
1 clove garlic, finely chopped
1/4 cup fine, dry breadcrumbs
2 tablespoons finely chopped parsley
1/8 teaspoon freshly ground pepper
1 teaspoon dry oregano
6 tablespoons freshly grated parmesan
4 tablespoons olive oil

Place mussels in a large saucepan with 1/4 cup water. High heat until the shells open. Remove mussels from shells. Discard 36 half shells. Mix all the ingredients into a smooth paste. Place mussels in remaining shells and cover with the mixture. Arrange on a baking pan. Broil 5 minutes and serve.

Makes 6 servings.

PEPERONI ARROSTITI

8 peperoni rossi grossi
4 cucchiaiate di olio d'oliva
1 spicchio d'aglio, titrato
4 foglie di basilico
2 cucchiaiate di aceto di vino; sale

Accendete il forno. Questa pietanza semplice si può preparare con peperoni in scatola, ma questi non hanno lo stesso sapore e aroma. Lavate e asciugate i peperoni e metteteli in una teglia, direttamente sotto il fuoco del forno per 15 minuti, tornandoli sovente. Quando le pelle avranno diventato tutte nere, ritiratili dal forno e metteteli in un sacco di carta per 5 minuti. Pelate le pelle e sciacquateli sotto acqua. Asciugateli, togliete loro i semi e tagliateli in 8 fettucine. Metteteli in una ciotola e conditeli con olio, aglio, basilico, aceto e sale.

Servirà per 6 a 8 persone.

Chi ha buon appetito non chiede salsa.

ROASTED PEPPERS

8 large red peppers
4 tablespoons olive oil
1 clove garlic, chopped
4 basil leaves, chopped
2 tablespoons wine vinegar; salt

Turn on the broiler. This simple dish may be prepared with canned peppers, but they do not have the same flavor or aroma. Place washed and dried whole peppers on a baking tin, close to the flame under the broiler. Keep turning for about 15 minutes until the skins are black. Remove and place in a paper bag for 5 minutes, then peel off the charred skins. Cut each pepper into 8 strips, remove seeds, rinse under water and dry. Place in a bowl and season with olive oil, garlic, basil, vinegar, and salt.

Makes 6 to 8 servings.

Hunger needs no coaxing.

PROSCIUTTO E MELONE

1 melone verde 8 fette di prosciutto

Questa pietanza semplice, tradizionale, si può preparare con fichi o melone. Tagliate il melone in 8 fette, toglietevi i semi e la scorza. Involtate ogni pezzo con una fetta di prosciutto.

Servirà per 8 persone.

PROSCIUTTO AND MELON

1 honeydew melon

8 slices prosciutto

A traditional Italian delicacy, made with figs or melon. Cut melon into 8 slices, remove seeds and rind. Wrap each piece in a slice of prosciutto and serve.

Makes 8 servings.

PIATTO DI ANTIPASTO

8 fette di mortadella o prosciutto o qualsiasi salume italiano
8 porzioni di caponata
8 pezzi di parmigiano o altro formaggio italiano, sardo, etc.
8 fette di peperoni arrostiti
8 filetti di acciughe
6 oz tonno italiano
pane italiano

Fate scolare il tonno e le acciughe. Accomodate i suddetti cibi in un piatto rotondo e serviteli con pane italiano. Se volete, potete aumentare la quantità delle fette e delle porzioni.

Servirà per 8 persone.

Il variar vivenda accresce l'appetito.

ANTIPASTO PLATTER

8 slices mortadella or prosciutto or any Italian cured meat
8 portions of caponata
8 pieces of parmigiano or any other Italian cheese, sardo,etc.
8 slices of roasted peppers
8 anchovy filets
1 can (6oz) Italian tuna
Italian bread

Arrange these offerings on an oval or round platter and serve with Italian bread. Be sure to drain the tuna and anchovies. The host may offer more pieces than the 8 given above. Each guest may help himself as the plate is passed around the table.

Makes 8 servings.

Variety sharpens the appetite.

FUNGHI AL AGLIO

2 spicchi d'aglio,
tagliati in metà
1/4 coppa di olio d'oliva
1 lb funghi freschi
2 cucchiaiate di succo di
limone
2 cucchiaiate di aceto di
vino bianco
una foglia di alloro
2 chiodi di garofano
sale
pepe macinato

Soffrigere l'aglio nell' olio, e quando avrà rosolato ritiratelo a gettatelo via. Aggiungete i funghi e quando avranno rosolato aggiungetevi il succo di limone, l'aceto, l'alloro e i chiodi. Lasciate soffrigere per 5 minuti, mescolando ogni tanto. Condite con sale e pepe. Lasciate freddare nel frigorifero.

Servirà per 6 persone.

MUSHROOMS IN GARLIC SAUCE

2 cloves garlic, cut in half
1/4 cup olive oil
1 lb fresh mushrooms
2 tablespoons lemon juice
2 tablespoons white vinegar
1 bay leaf
2 cloves
salt & ground pepper

In a small frying pan, sauté garlic in olive oil until golden brown; discard garlic. Add mushrooms and sauté until golden. Add lemon juice, vinegar, bay leaf and cloves. Cook for 5 minutes, stirring now and then. Season with salt and pepper. Refrigerate.

Makes 6 servings.

LE MINESTRE

Gallina vecchia fa buon brodo.

SOUPS

Italians love soups. From one end of the peninsula to the other and down into the islands, you will find a wide selection, varied only by the ingredients found exclusively in a given area. But two you will find everywhere, greens — escarole, chicory, etc.and legumes — peas, kidney beans, chick peas, etc. Alone, or in combination, they form the basis of most soups prepared in Italy.

And, of course, there is also the chicken. In rural areas, it is still considered the supreme medicine to cure all ills. When there is a birth, or death, or some calamitous event, neighbors will prepare chicken soup for the family. Because all of our recipes are very simple, we have not included chicken soup which takes longer in preparation. However, consider it a ninth *minestra,* a whole chicken, or just the backs or two legs and thighs, to which you add, parsley, onions and carrots and plenty of water and you have the universal chicken soup, in which you may cook a handful of broken pieces of pasta for a delicious meal.

Old hens make a rich soup.

ZUPPA DI SCAROLA O CICORIA

Queste due verdure sono un po' amare, ma hanno anche uno spruzzo di zucchero, una combinazione di agro e dolce che dà alla zuppa un sapore piccante.

2 libbre di scarola o cicoria, lavate e tagliate in dadini
2 cucchiaiate di sale
4 a 6 cucchiaiate di olio d'oliva vergine
1 pane italiano

Mettete la verdura in una pentola con abbastanza acqua salata per coprirla. Lessatela finchè divenga morbida. Rimpiete piatti di zuppa con verdura e brodo. Versatevi uno spruzzo di olio. Servitela con fette di pane italiano.

Servirà 4 a 6 persone.

ESCAROLE OR CHICORY SOUP

These two greens are slightly bitter, but have a small amount of sugar; this combination of bitter and sweet gives the soup a poignant flavor.

2 lbs. of either escarole or chicory, washed and cut into squares
2 tablespoons salt
4 to 6 tablespoons virgin olive oil
One loaf of crusty Italian bread

Place the greens in a large pot with enough water to cover them, add salt and boil them until they are soft. Serve in soup bowls with some of the broth. Add a dollop of olive oil and serve with a firm Italian bread.

Makes 4 to 6 servings.

ZUPPA DI BROCCOLI

2 libbre di broccoli senza gambo
2 cucchiaiate di sale
4 a 6 cucchiaiate di olio d'oliva, extra vergine
1 pane italiano

Tagliate i talli a quarti e metteteli in una pentola con abbastanza acqua salata per coprirli. Lessateli e quando avranno ammollito, serviteli col brodo in piatti rodondi. Versatevi uno spruzzo di olio e servite la zuppa con fette di pane italiano

Sevirà 4 a 6 persone.

Non metter il tuo cucchiaio nella zuppa di altrui.

BROCCOLI SOUP

2 lbs. broccoli florets
2 tablespoons salt
4 to 6 tablespoons extra virgin olive oil
1 loaf Italian bread

Cut the florets in quarters and put them in a large pot with enough salted water to cover them. Boil until tender. Place in soup bowls with broth, and add olive oil. Serve with Italian bread.

Makes 4 to 6 servings.

Don't dip your spoon in someone else's soup.

ZUPPA DI LENTICCHIE

2 quarti (8 coppe) di acqua
1 libbra di lenticchie, lavate e scolate
3/4 di coppa di cipolla, trinciata
2 chiodi di aglio, trinciati fini
1/2 cucchiaiata di sale
1/2 cucchiaiata di pepe
2 foglie d'alloro
1/4 di coppa di olio d'oliva extra vergine

Versate l'acqua in una pentola e aggiungetevi tutti i suddetti ingredienti, tranne l'olio. Cuocete a mezzo fuoco, mescolando sovente. Versatevi alcune cucchiaiate di acqua, se diventa troppo asciutta. Quando le lenticchie sono tenere (circa 40 minuti) togliete le foglie d'alloro e servitela in scodelle. Versate una cucchiaiata di olio in ogni piatto.

Servirà 6 a 8 persone.

LENTIL SOUP

2 quarts (8 cups) water
1 lb. lentils,washed and drained
3/4 cup chopped onions
2 cloves garlic, chopped
1/2 tablespoon salt
1/2 tablespoon pepper
2 bay leaves
1/4 cup extra virgin olive oil

Pour the water in a large pot and add all the above ingredients except the olive oil. Cook at medium heat, stirring occasionally, until tender (about 40 minutes). Add water if the soup becomes too dry. Remove the bay leaves and serve. Pour a tablespoon of olive oil into each plate.

Makes 6 to 8 servings.

ZUPPA DI PISELLI SECCHI

Una zuppa saporita con gusto di noce.

2 quarti di acqua
1 libbra di piselli secchi, lavati e scolati
3/4 di coppa di cipolla tritata
1 spicchio di aglio tritato
1/2 cucchiaiata di sale
2 pizzichi di noce moscato

Versate l'acqua in una pentola e aggiungetevi tutti i suddetti ingredienti. Cuocete a medio fuoco, mescolando ogni tanto. Questa zuppa assorve molta acqua e bisogna versarvi acqua quando diventa secca. Servitela quando è soave e cremosa (35 a 45 minuti).

Servirà 6 a 8 persone.

Troppi cuochi guastano il brodo.

SPLIT PEA SOUP

A delicious soup with a nutty flavor.

2 quarts (8 cups) water
1 lb. split peas, washed and drained
3/4 cup chopped onion
1 clove garlic, chopped
1/2 tablespoon salt
2 pinches of nutmeg

Pour the water into a large pot and add all the above ingredients. Cook at medium heat, stirring occasionally. This soup absorbs a lot of water in the cooking; add water when necessary. Serve in soup dishes when the soup is smooth and creamy (35 to 45 minutes).

Makes 6 to 8 servings.

Too many cooks spoil the broth.

ZUPPA DI PASTA E FAGIOLI

1 scatola (15 once) di fagioli rossi o cannellini
2 coppe di acqua
1/4 coppa di cipolla trinciata
l spicchio d'aglio trinciato
1 foglia d'alloro
1/3 libbra di spaghettini rotti in pezzetti
2 cucchiaiate di sale
6 cucchiaiate di parmigiano grattugiato

Versate i fagioli e l'acqua in una pentola. Aggiungetevi la cipolla, l'aglio e la foglia d'alloro. Cuocete a fuoco basso per 1/2 ora. Togliete l'alloro. Cuocete la pasta in acqua salata e quando è al dente, scolatela e riservate una coppa del brodo. Aggiungete la pasta ai fagioli e versatevi brodo se cene bisogno. Servitela con il parmigiano.

Servirà 4 a 6 persone.

PASTA AND BEAN SOUP

1 can (15 oz) kidney or white beans (cannellini)
2 cups water
1/4 cup chopped onions
1 clove garlic, chopped
1 bay leaf
1/3 lb. spaghettini, broken into small pieces
2 tablespoons salt
6 tablespoons grated parmigiano

Pour the beans into a large pot and add the water, onion, garlic and bay leaf. Cook for 30 minutes over low flame. Remove bay leaf. Boil pasta in salted water. Drain when it is *al dente*, saving a cup of the broth. Add the pasta to the beans and broth if needed. Serve it with the parmigiano.

Makes 4 to 6 servings.

MINESTRONE

2 scatole (ciascuna 15 once) di brodo di pollo
30 once (4 coppe) di acqua
1 scatola (15 once) di fagioli
1 scatola (15 once) di pomodori, tritati
1 mazzo di cicoria, tagliata a dadini
2 carote, finemente tritate
2 cipolle mezzane, tritate
2 spicchi d'aglio, tritati
1/4 coppa di prezzemolo italiano tritato
1 gambo di sedano con foglie finemente tritato
1 cucchiaino di salvia secca
1 cubo di pesto gelato o una cucchiaiata di pesto
1 cucchiaiata di sale
1 cucchiaiata di pepe
1 coppa di parmigiano grattugiato

Fate bollire in una pentola i suddetti ingredienti tranne il parmigiano. Calate il fuoco e cuocete a medio fuoco per 50 minuti.Mescolate sovente e aggiungetevi acqua se diventa troppo asciutto. Servitelo con uno spruzzo di parmigiano.

Servirà 6 a 8 persone.

MINESTRONE

2 cans (15 oz.each) chicken broth
30 ounces (4 cups) water
1 can (15 oz.) kidney beans
1 can (15 oz.) chopped tomatoes
1 head chicory, cut into squares
2 carrots, finely chopped
2 medium-sized onions, chopped
2 cloves garlic, chopped
1/4 cup Italian parsley, chopped
1 celery stalk with leaves, finely chopped
1 teaspoon dried sage
1 frozen cube pesto or 1 tablespoon pesto
1 tablespoon salt
1 tablespoon pepper
1 cup grated parmesan

Bring all the ingredients, except the parmesan, to a boil in a large pot. Lower the flame to medium and simmer for 50 minutes. Stir and add water if needed. Serve with a sprinkling of parmesan cheese.

Makes 6 to 8 servings.

ZUPPA DI COZZE

1 sacco di 2 libbre di cozze
1/2 coppa di vino bianco, secco
1/2 coppa di cipolla finemente tritata
1/4 coppa di sedano finemente tritato
2 spicchi d'aglio pestato
1 scatola (15 once) di pomodoro tritato
1 cucchiaiata di prezzemolo italiano tritato
1 cucchiaiata di sale
4 coppe di acqua

Lavate le cozze e toglietele le barbe. Gettate via le cozze che non vogliono chiudere. Mettetele in una pentola grande, versatevi il vino, coprite la pentola e cuocete a alto fuoco per 5 minuti. Lasciate freddare e separate le cozze dalle conchiglie. Gettate via le conchiglie e riservate le cozze a parte. Nella stessa pentola cuocete tutti gli altri ingredienti nel brodo delle cozze per 35 minuti. Aggiungetevi le cozze a fatelo bollire per due secondi. Spegnete il fuoco a servite.

Servirà 6 a 8 persone.

MUSSEL SOUP

1 bag (2 lbs.) mussels
1/2 cup dry, white wine
1/2 cup finely chopped onions
1/4 cup finely chopped celery
2 cloves garlic, crushed
1 can (15 oz.) chopped tomatoes
1 tablespoon chopped Italian parsley
1 tablespoon salt
4 cups water

Scrub the mussels, remove the beards and discard those that won't open. Put them in a large pot, add the wine and cook at high heat for 5 minutes. Let them cool and separate the muscles from the shells. Set the muscles aside and discard the shells. Add the remaining ingredients to the mussel stock in the pot and cook at medium heat for 35 minutes. Stir from time to time and add water if the soup appears too dry. Add the mussels and let boil for 2 seconds. Turn off heat and serve.

Makes 6 to 8 servings.

MINESTRA DI FAGIOLI E CICORIA

Gli Italiani amano i fagioli e la cicoria, che è un poco amara ma che ha anche un bocconcino di zucchero. Fagioli e cicoria insieme producono una zuppa saporita.

5 coppe di acqua
1 cucchiaiata di sale
4 coppe di cicoria tagliata a dadini
1 scatola (15 once) di fagioli
3 cucchiaiate di olio d'oliva
4 cucchiaiate di parmigiano grattugiato

Fate bollire l'acqua con sale; aggiungetevi la cicoria. Quando la cicoria diventa un po' morbida, aggiungetevi i fagioli e cuocete a medio fuoco per 20 minuti. Servitela in scodelle e versatevi l'olio e uno spruzzo di parmigiano.

Servirà 4 a 6 persone.

KIDNEY BEAN AND CHICORY SOUP

Italians are fond of kidney beans and chicory which, though slightly bitter, has a whiff of sugar. The combination of both delivers a delicious soup.

5 cups water
1 tablespoon salt
4 cups chicory, cut into squares
1 can (15 oz.) kidney beans
3 tablespoons olive oil
4 tablespoons grated parmesan cheese

Bring water to a boil with salt; add chicory. When the chicory begins to soften, add the beans and cook slowly at moderate heat for 20 minutes. Serve it in soup plates, add oil and cheese.

Makes 4 to 6 servings.

PASTA AND SAUCES

Never mind the old wives' tale about Marco Polo's bringing pasta back from China. If he did, it must have been made of rice. Italy has been the land of durum-wheat pasta since the Middle Ages and, to this day, pasta continues to dominate its cuisine. Italians love it and no day goes by without their eating it in one of the many forms manufactured in Italy; to say nothing of the hundreds and hundreds of pastas made locally and at home thoughout the land.

Each pasta bears a name; many in the shape of animals, others of rings, pens, wings, string, seeds; one is even called *bride and groom*. Whatever the shape, they love them all; each with a different taste, seasoned with hundreds of different sauces and broths.

When next in Rome, go to the National Museum of Pasta Foods, where, in 11 rooms, you will see the history of pasta, the machinery that manufactures it, and a display of some 300 odd shapes and sizes.

Un giorno senza pasta è un giorno sprecato.

COOKING PASTA

A pasta made of semolina, the best durum wheat, will take from 15 to 20 minutes to cook *al dente*, to the firm bite. Inferior pastas will be inexpensive and gummy; avoid them. Use plenty of salted water, 5 to 5 1/2 quarts for one pound of pasta. Begin timing when thc water comes back to a boil, after you have put in the pasta. Some of the smaller pastas, used for soups, take less time. After 15 minutes test the pasta every two minutes, until it is *al dente.*

A day without pasta is a day wasted.

SALSA DI POMODORO

Questa è la salsa principale per la pasta. Si usa anche nella preparazione di altre pietanze come, per esempio, l'osso buco o la pizza. Per questo uso, preparate un'altra porzione e dividitela in 5 o 6 parti, che conserverete gelate.

3 cucchiaiate di olio d'oliva
2 cucchiaiate di cipolla tritata
1 spicchio d'aglio, tritato
1 scatola (28 once) di pomodoro in pezzetti o purea
3 once di conserva di pomodoro
2 cucchiaine di zucchero, 2 di sale e 2 di pepe
3 foglie di basilico fresco o 1 cucchiaiata secco
(Non comprate basilico secco; non ha sapore. Usate il basilico fresco, o crescetelo voi stessi e seccatelo.)

In un tegame, riscaldate l'olio e friggete la cipolla. Quando comincia a rosolare aggiungetevi l'aglio. Quando l'aglio avrà rosolato, versatevi il pomodoro e mescolate. Aggungetevi la conserva e mescolate bene, poi, uno a uno gli altri ingredienti, sempre mescolando. Cuocete a lento fuoco per 35 minuti. Si potrà servire quando la salsa è diventata cremosa.

Servirà 6 a 8 persone.

BASIC TOMATO SAUCE

This sauce and its many variants is the main sauce used on pasta. It is also used in other dishes, *osso buco,* or pizza, for example, so that one may make a second batch, divide it into five or six portions and freeze them, to be used with other dishes.

3 tablespoons olive oil
2 tablespoons chopped onion
1 clove garlic, finely chopped
1 can (28 oz) tomatoes, chopped or puréed
3 ounces tomato paste
2 teaspoons sugar, 2 of salt, and 2 of pepper
3 leaves chopped fresh basil or 1tablespoon dried
(Do not buy dried basil; it is tasteless. Use either fresh basil or grow it yourself and dry it.)

In a saucepan, heat oil and sauté onions until almost golden brown; add garlic and sauté until brown. Add tomatoes, stir and add tomato paste. Stir, then add the other ingredients. Stir thoroughly. Simmer for 35 minutes.

Makes 6 to 8 servings.

SALSA SEMPLICE DI POMODORO AL VINO

Preparate la suddetta ricetta per Salsa Semplice di Pomodoro e aggungetevi 4 once (1/2 coppa) di vino rosso secco (non usate *il vino per cocinare* che si compra nel supermercato; contiene sale). Mescolate ben bene e cocinate a lento fuoco per 35 minuti, mescolando sovente. L'addizione del vino vi darà una salsa molto ricca.

Servirà 6 a 8 persone.

L'acqua fa cantare; il vino fa ballare.

BASIC TOMATO SAUCE WITH WINE

Use the same ingredients as above for the Basic Tomato Sauce. When all the ingredients are in the pot, add 4 ounces (1/2 cup) of dry red wine (do not use "cooking wine" which has salt). Stir thoroughly and simmer for 35 minutes, stirring from time to time. The addition of the wine will give you a deep, rich sauce.

Makes 6 to 8 servings.

Water makes you sing; wine makes you dance.

SALSA DI POMODORO CON CARNE TRITATA

2 cucchiaiate di olio d'oliva
3 cucchiaiate di cipolla tritata
1 spicchio d'aglio tritato
1 libbra di carne magra di manzo tritata
6 once di conserva di pomodoro
2 1/2 coppe di acqua calda
1 cucchiaina di sale e 1 di pepe
1 pizzico di chiodo macinato

In un tegame, riscaldate l'olio e friggete la cipolla e l'aglio, e quando avranno rosolato, aggiungetevi la carne. Friggetela per 12 minuti. Separate la carne dal liquido, scolate il grasso e gettatelo via. Aggiungetevi la conserva di pomodoro e mescolate bene. Versatevi l'acqua e aggiungetevi il sale, il pepe e il chiodo. Mescolate bene, coprite il tegame e cuocinate a lento fuoco 40 minuti.

Servirà per 6 a 8 persone.

MEAT SAUCE

2 tablespoons olive oil
3 tablespoons chopped onions
1 clove garlic, chopped
1 pound lean ground beef
1 can (6 ounces) tomato paste
2 1/2 cups warm water
1 teaspoon salt, and 1 of pepper
a pinch of ground clove

In a saucepan, heat oil and sauté the onions and garlic and, when brown, add the meat. Sauté it until it is brown (12 minutes). Drain off the fat and stir in the tomato paste. Add the water, salt, pepper, and clove and stir thoroughly. Cover and simmer for 40 minutes.

Makes 6 to 8 servings.

SPAGHETTI AGLIO E OLIO

1/2 coppa di olio d'oliva extra vergine
4 spicchi d'aglio finemente tritato
pepe nero macinato
2 cucchiaine di prezzemolo italiano tritato
parmigiano grattugiato

In un tegame, riscaldate l'olio e rosolate l'aglio sotto fuoco lento. Versatelo sugli spaghetti (1 libbra), cotti al dente, in acqua salata, aggiungetevi alcuni spruzzi di pepe nero macinato e il prezzemolo, e mescolate cossichè la pasta sia interamente unta dell'olio. Servitela con parmigiano grattugiato.

Servirà 6 a 8 persone.

Mangia poco se vuoi vivere assai.

SPAGHETTI WITH GARLIC AND OIL

1/2 cup extra virgin olive oil
4 cloves garlic, finely chopped
freshly ground pepper
2 tablespoons freshly chopped Italian parsley
grated parmigiano

In a saucepan, heat oil and sauté the garlic over a low flame, stirring constantly until brown. Pour over *al dente* spaghetti (1 pound), freshly boiled in salted water, add twists of pepper mill and parsley and stir thoroughly until all the pasta is coated with the oil. Serve it with grated parmigiano.

Makes 6 to 8 servings.

Eat little if you wish to live long.

PASTA FRITTA

Questa è una delle più saporite delle ricette di pasta, la cui preparazione è facilissima. Preparate 1 libbra di pasta con Salsa Semplice di Pomodoro (p.40). Poi potrete friggere la libbra intera, soltanto una porzione, o rimasugli.

3 cucchiaiate di olio d'oliva
2 spicchi d'aglio schiacciati
pasta già cotta (con salsa di pomodoro)
3 a 5 cucchiaiate di acqua
parmigiano grattugiato

In una padella riscaldate l'olio e fate rosolare l'aglio. Toglietelo quando avrà preso colore e versatevi la pasta. Friggetela a fuoco alto, sempre mescolando. Versatevi alcune gocce d'acqua quando comincia ad asciugare. Servitela caldissima quando la pasta comincia a rosolare, con alcuni pizzichi di parmigiano.

Servirà 2 a 8 persone.

FRIED PASTA

This is one of the most delicious pasta dishes and easy to prepare. Prepare pasta (1 pound) with the Basic Tomato Sauce (p.41) and use part of it, all of it, or leftovers, as follows:

3 tablespoons olive oil
2 cloves garlic, crushed
cooked pasta, as noted above (with tomato sauce)
3 to 5 tablespoons water
grated parmigiano

In a frying pan, heat oil, sauté the garlic and remove it when it has turned color. Add the pasta, turn the heat to high; keep mixing and turning. Add water sparingly when it begins to dry. When the pasta begins to look crisp serve immediately with the parmigiano.

Makes 2 to 8 servings.

LASAGNE AL FORNO

12 pezzi di "non bollire" lasagne. Non bisogna lessare questo tipo di lasagne. Si usano asciutte.
3 coppe di Salsa Semplice di Pomodoro (vedi p.40)
1 coppa di ricotta (15 once)
16 once (2 coppe) di mozzarella tagliata a striscioline
1/4 coppa di parmigiano grattugiato

Accendete il forno a 400° F. Ungete il fondo di una teglia (13"x9"x2") con un poco di salsa. Copritelo con uno strato di tre pezzi di lasagne. Ungeteli con salsa e con cucchiaine di ricotta e pizzicotti di mozzarella, e spolverateli con parmigiano. Ripetete la stessa operazione due volte, salsa, ricotta, mozzarella, parmigiano, e copritele con un' ultimo strato di lasagne, che ungirete con salsa. Coprite la teglia con una foglia di carta di alluminio, mettetela al forno e cuocete per 30 minuti. Scoprite la teglia e continuate a cuocere per 15 minuti. Quando comincia a gorgogliare, togliete la teglia e lasciatela freddare per 5 minuti prima di tagliar le lasagne in porzioni.

Servirà 10 a 12 persone.

BAKED LASAGNE

12 pieces oven-ready lasagne. These do not need to be boiled. They are to be used uncooked.
3 cups Basic Tomato Sauce (see p. 41)
15-ounce container ricotta cheese
16 ounces (2 cups) shredded mozzarella
1/4 cup grated parmesan

Heat the oven to 400^{0} F. Cover the bottom of a 13"x9"x2" baking dish with some of the sauce. Place 3 pieces of pasta crosswise on the sauce. Spread sauce on pasta, then cover alternately with globs of ricotta and mozzarella and sprinkle with parmesan. Repeat the above twice. Add the last 3 pieces of pasta and cover with sauce. Cover with aluminum foil and bake for 30 minutes. Remove foil and bake 15 minutes or until it is hot and bubbly. Let stand 5 minutes before cutting.

Makes 10 to 12 servings.

SALSA DI VONGOLE

3 cucchiaiate di olio d'oliva
6 spicchi d'aglio minutamente tritato
1 coppa di prezzemolo italiano finemente tritato
4 once di vino bianco secco
3 scatole (6 1/2 once ciascuna) di vongole
  spezzate, con brodo
1 cucchiaina di sale
parmigiano grattugiato

In un tegame riscaldate l'olio e rosolate l'aglio. Aggiungetevi il prezzemolo e cuocetelo a fuoco moderato per 1 minuto, sempre mescolando. Versatevi il vino e mescolate per 30 secondi. Fate scolare il brodo delle vongole, versandolo nel tegame. Aggiungete il sale and cuocete ad alto fuoco per alcuni minuti, e quando il brodo avrà ridotto e non è più acquoso, aggiungetevi le vongole. Continuate a cuocere ad alto fuoco per 1 minuto, sempre mescolando. Servite la salsa con 1 libbra di spaghetti o fettuccine e con parmigiano.

Servirà 4 a 6 persone.

WHITE CLAM SAUCE

3 tablespoons olive oil
6 cloves garlic, finely chopped
1 cup finely chopped Italian parsley
1/2 cup dry white wine
3 cans (6 1/2 oz. each) chopped clams with broth
1 teaspoon salt
grated parmigiano

Heat oil in a heavy skillet. Add garlic, and when brown, add parsley. Cook at moderate heat, stirring constantly for about 1 minute. Add wine and stir for 30 seconds. Drain the clam broth into the skillet, add salt and cook at high heat for a few minutes. When the broth has been reduced and is no longer watery, add the clams and cook for 1 minute at high heat, stirring constantly. Serve with 1 lb. spaghetti or fettuccine and sprinkle with parmigiano.

Makes 4 to 6 servings.

MANICOTTI IMBOTTITI

1 scatola (2 libbre) di (14) manicotti
8 once (1 coppa) di mozzarella in listerelle
15 once di ricotta
1 uovo, un poco battuto
1/4 di coppa di parmigiano grattugiato
1 cucchiaina di sale, 1 di pepe, e 1 di prezzemolo tritato
1 ricetta di Salsa Semplice di Pomodoro (vedi p. 40)

Accendete il forno a 375°. Lessate i manicotti in 4 quarti d'acqua salata bollente per 10 minuti. Versatevi alcune gocce di olio di semi o d'oliva per prevenire di appiccicarsi. Scolateli e riservateli a parte. Mescolate in una terrina la ricotta, la mozzarella, il prezzemolo, il sale e il pepe e impastatelo con l'uovo. Riempite i manicotti con questa pasta e metteteli in una teglia, già coperta con la metà della salsa. Copriteli con salsa e parmigiano e coprite la teglia con una foglia di carta di alluminio. Cuoceteli nel forno per 30 minuti e serviteli caldi.

Servirà 4 a 5 persone.

STUFFED MANICOTTI

1 2-lb box (14) manicotti shells
8 ounces (1 cup) shredded mozzarella cheese
15 ounces ricotta
1 egg, slightly beaten
1/4 cup grated parmesan cheese
1 teaspoon each: salt, pepper and chopped parsley
1 recipe Basic Tomato Sauce (see p. 41)

Heat oven to 375^{0}. Cook the manicotti shells in 4 quarts of salted boiling water for 10 minutes. Add a spot of vegetable or olive oil to the water to prevent sticking. Drain and set aside. In a large bowl, mix the mozzarella, ricotta, egg and condiments into a smooth paste. Use it to fill the shells. Cover the bottom of a baking dish with half of the tomato sauce. Lay the manicotti on the sauce and cover them with another layer of sauce. Sprinkle them with parmesan cheese, cover the dish with aluminum foil and bake for 30 minutes.

Makes 4 to 5 servings.

PESTO ALLA GENOVESE

2 coppe di foglie di basilico fresco
1/2 cucchiaina di sale
1/2 cucchiaina di pepe grattugiato
2 spicchi d'aglio tagliato in pezzi
2 cucchiaine di pignoli
1/2 coppa di olio d'oliva
1 libbra di spaghetti
4 cucchiaiate di parmigiano grattugiato

Mettete tutti gli ingredienti tranne il parmigiano e la pasta in un mescolatore elletrico. Fatelo girare finchè abbia una pasta cremosa. Conservate questa pasta in piccole giare o gelatela in cubi. 4 o 5 cubi serviranno per una libbra di pasta. Metteteli in una ciotola e aggiugetevi la pasta che avrete cotto. Quando scolate la pasta, riservate una coppa del brodo. Mescolate la pasta e il pesto bene, e se la pasta diventa un po' asciutta, versatevi alcune cucchiaiate del brodo di pasta. Servitela con alcuni spruzzi di parmigiano.

Servirà 4 a 6 persone.

PESTO SAUCE

2 cups fresh basil leaves
1/2 teaspoon salt
1/2 teaspoon freshly grated pepper
2 cloves garlic cut into pieces
2 teaspoons pine nuts
1/2 cup olive oil
1 pound spaghetti
4 tablespoons grated parmesan cheese

Place all the ingredients except the Parmesan and the pasta in a food processor and purée it until the mixture becomes creamy. Save this paste in the refrigerator in small jars or in freezer ice cube trays. 4 to 5 cubes will suffice for 1 pound of pasta. Place these cubes in a large dish. Cook the pasta until it is *al dente*, and when you drain it, save a cup of the broth. Pour the pasta into the large dish and mix it with the pesto until it is all well coated. If it becomes too dry, add a few tablespoons of spaghetti broth. Serve it with a sprinkling of parmesan cheese.

Makes 4 to 6 servings.

FETTUCCINE ALFREDO

La rinomata pietanza romana.

6 quarti di acqua bollente
2 cucchiaiate di sale
1 libbra di fettuccine
1/2 libbra di burro dolce rammollito
2 coppe di parmigiano grattugiato
1/2 coppa di panna

In una pentola, fate bollire l'acqua e il sale. Quando l'acqua è bollente, aggiungetevi la pasta; mescolatela ogni tanto, e quando sarà al dente, scolatela e versatela in un piatto rodondo ove avete già messo il burro. Mescolate gentilmente. Aggiungetevi il parmigiano e mescolate. Versatevi la panna e mescolate.

Servirà 4 a 6 persone.

Il cuoco mai muore di fame.

FETTUCCINE ALFREDO

The famous Roman dish.

6 quarts boiling water
2 tablespoons salt
1 pound fettuccine
1/2 pound softened sweet butter
2 cups grated parmesan cheese
1/2 cup heavy cream at room temperature

In a large pot, bring water and salt to a boil. When the water comes to a boil, add the fettuccine. Stir occasionally until they are *al dente*.Drain in colander. Place butter in a warmed, large cupped dish; add the fettuccine and toss gently. Add the cheese gradually and keep tossing. Pour in cream and toss.

Makes 4 to 6 servings.

The cook never dies of hunger.

SALSA DI FUNGHI

2 coppe di funghi fresche
1 1/2 coppe di acqua salata
1 spicchio d'aglio tritato
1 cipolla media tritata
1/4 coppa di prezzemolo italiano, finemente tritato
1/4 coppa di olio d'oliva
1 scatola (6 once) di conserva di pomodoro
1 cucchiaina di sale, 1 di pepe e 1 di zucchero
4 cucchiaiate di parmigiano grattugiato

Separate le cappelle dei funghi dai gambi e tagliatele a fette. Tritate i gambi e cuoceteli per 10 minuti, nell'acqua salata, per farne un brodo. Riservateli a parte. In una casseruola fate appassire nell'olio, le cappelle, l'aglio, la cipolla e il prezzemolo. Aggiungetevi il brodo e la conserva di pomodoro e cuocete a medio fuoco per 20 minuti. Servite la salsa con pasta e parmigiano grattugiato.

Servirà 4 a 6 persone.

Meglio qualcosa di crudo che nulla di cotto.

MUSHROOM SAUCE

2 cups fresh mushrooms
1 1/2 cups salted water
1 clove garlic, chopped
1 medium onion, chopped
1/4 cup finely chopped Italian parsley
1/4 cup olive oil
1 can (6 oz.) tomato paste
1 teaspoon each: salt, pepper, and sugar
4 tablespoons grated Parmesan cheese

Separate the mushroom caps from the stems and slice them. Chop the stems and boil them in the salted water for ten minutes, to make a broth. Set aside. In a pan, sauté the caps, together with the garlic, the onion and parsley, in olive oil, until soft. Add the mushroom broth and the tomato paste. Stir thoroughly and cook at medium heat for 20 minutes. Serve with pasta and grated parmesan.

Makes 4 to 6 servings.

Better a piece of raw food than nothing cooked.

SALSA DI TONNO E OLIVE

2 spicchi d'aglio tritato
2 cucchiaiate di olio d'oliva
1 scatola (6 once) di tonno italiano all'olio
1/2 coppa di olive nere all'olio snocciolate
2 pizzicchi di sale
1/3 coppa di parmigiano grattugiato

In una padella, rosolate l'aglio nell'olio. Scolate il tonno e aggiungetelo con le olive e il sale. Cuocete a medio fuoco per 15 minuti, mescolando di quando in quando. Servite questa salsa con spaghettini e parmigiano grattugiato.

Servirà 3 a 4 persone.

Chi non beve vino non va al paradiso.

TUNA AND OLIVE SAUCE

2 cloves garlic, chopped
2 tablespoons olive oil
1 can (6 oz.) Italian tuna, packed in olive oil
1/2 cup pitted oil-cured black olives
2 pinches of salt
1/3 cup grated parmigiano

In a pan, sauté garlic in olive oil until brown. Add tuna, olives and salt and sauté slowly, stirring occasionally for 15 minutes. Serve with spaghettini and grated parmesan cheese.

Make 3 to 4 servings.

Who does not drink wine does not go to heaven.

RAVIOLI CON SALSA DI POMODORO

8 quarti di acqua
2 cucchiaiate di sale
50 ravioli di formaggio o di carne gelati
1 ricetta di salsa di pomodoro (vedi p. 40)
1/2 coppa di parmigiano grattugiato

Versate l'acqua e il sale in una pentola grande e fatela bollire a gran fuoco. Gettatevi i ravioli gelati e mescolate gentilmente. Quando i ravioli salgono alla superficie, lessateli per 30 minuti, e quando la pasta di un raviolo si sente appassita, con un pizzico delle dita, scolateli e serviteli con la salsa e alcuni spruzzate di parmigiano

Servirà 6 a 8 persone.

RAVIOLI WITH TOMATO SAUCE

8 quarts water
2 tablespoons salt
1 package 50 frozen cheese or meat ravioli
1 recipe Basic Tomato Sauce (see p.41)
1/2 cup grated parmesan cheese

Add water and salt to a large pot and bring it to a bubbling boil over high heat. Drop in the frozen ravioli and stir gently. When they have risen to the surface, boil them for 30 minutes or when the pasta yields to a light pinch. Drain and serve with tomato sauce and parmesan cheese.

Makes 6 to 8 servings.

SALSA DI CALAMARI

Il calamaro disprezzato è indubbiamente uno dei marischi i più puliti e deliziosi. Fa una salsa squisita.

1 ricetta di Salsa Semplice di Pomodoro (vedi p. 40)
3 calamari mezzane, già puliti e con gli occhi tolti.
  Pelate la pelle se non è stata tolta. Lavateli e tagliate i calamari a dadini e i tentacoli in 3 parti.
1 libbra di spaghetti o linguine
parmigiano grattugiato

Preparate la Salsa Semplice di Pomodoro e quando avrà bollito, mettetela a fuoco basso. Aggiungetevi i calamari e cuocete a fuoco basso per 50 minuti, mescolando sovente. Notate che il calamaro non se deve friggere prima di gettarlo nella salsa. Il friggere lo rende duro e diminuisce il suo sapore. Cuocete la pasta dopo 30 minuti e servitela con la salsa e parmigiano grattugiato.

Servirà 6 a 8 persone.

SQUID SAUCE

The lowly squid is one of the cleanest and most delicious seafoods. It makes an exquisite sauce.

1 recipe Basic Tomato Sauce (see p. 41)
3 medium-sized squids, cleaned and with the eyes removed from the tentatcles. Peel off the skin and wash. Cut the squid into squares and the tentacles into 3 parts.
1 pound spaghetti or linguine
grated parmesan cheese

Prepare the Basic Tomato Sauce, and when it has come to a boil, reduce to a simmer and add the squid. Note that the squid must not be fried before putting it into the sauce. Frying hardens it and takes away from its taste. Simmer for 50 minutes, stirring from time to time. Cook the pasta after 30 minutes and serve it with the sauce and grated parmesan cheese.

Makes 6 to 8 servings.

LINGUINE CON SALSA DI GAMBERI

1 Salsa Semplice di Pomodoro (vedi p.40)
1 libbra di gamberi ez-peel
1 cucchiaina di sale
2 cucchiaiate di olio d'oliva
1 libbra di linguine
1/3 coppa parmigiano grattugiato

Riscaldate, a fuoco medio, la salsa in una casseruola. Mondate, lavate, asciugate e salate i gamberi. In una padella, rosolateli e riservateli a parte. In una pentola, cuocete le linguine al dente e quando avrete immerso la pasta nell'acqua, aggiungete i gamberi alla salsa e cuoceteli a medio fuoco per 15 minuti. Quando la pasta è cotta, servitela con la salsa di gamberi e il parmigiano

Servirà 6 a 8 persone.

Ne cibo di osteria, ne amore di bagascia soddisfa.

LINGUINE WITH SHRIMP SAUCE

1 recipe Basic Tomato Sauce (see p. 41)
1 lb. ez-peel shrimps
1 teaspoon salt
2 tablespoons olive oil
1 pound linguine
1/3 cup grated parmesan

Slowly heat the tomato sauce in a casserole. Peel, wash, and dry the shrimps and salt them. Heat oil in a frying pan, sauté the shrimps and set them aside when they have turned orange. In a large pot, cook the linguine *al dente*, and when you have immersed them in the pot, place the shrimps in the tomato sauce and cook them at medium heat for 15 minutes. When the pasta is cooked, serve it with the shrimp sauce and parmesan.

Makes 6 to 8 servings.

Neither restaurant food nor a whore's love satisfies.

LA PIZZA

PRIMA PARTE: PREPARAZIONE DELLA PASTA

La pizza è divenuta una dei cibi i più popolari in America. Una chiamata di telefono vene porterà una in casa fra 20 minuti. Ma ogni tanto, vorrete voi stessi prepararne una in casa; la pizza casalinga è superiore a quella ordinata dal ristorante. Provatela; vi assicuro che vi piacerà.

4 coppe di farina non imbiancata o di farina per pane
1 involto di lievito
1 1/3 coppe di acqua tepida
2 cucchiaiate di olio di oliva
1 cucchiaino di sale

Versate la farina in una ciotola; scogliete il lievito nell'acqua, aggiungetevi l'olio e versate questa mistura e il sale nella farina. Impastatela fino a quando la pasta vi apparirà ben lavorata e sarà divenuta soffice (10 minuti). Copritela con un tovagliolo, tenetelo in riposo in luogo tiepido e lasciate che lievite sino a che avrà raggiunto il doppio del volume iniziale. Adesso continuate con la Seconda Parte, Preparazione Della Pizza.

PIZZA

PART I: THE DOUGH

Pizza has become one of the most popular foods in the U.S. A telephone call will have one delivered within 20 minutes. Yet, from time to time, you may want to make your own, which is far superior to the store-bought version. Try it, you'll like it.

4 cups unbleached or bread flour
1 envelope active dry yeast
1 1/3 cups lukewarm water
2 tablespoons olive oil
1 teaspoon salt

Place flour in a bowl. Dissolve yeast in water, add oil, and pour this mixture and salt into the flour and kneed until smooth (10 minutes). Cover with a towel and let rise in a warm place until it has doubled in bulk. Go on to Part II: Making the Pizza.

SECONDA PARTE: PREPARAZIONE DELLA PIZZA

4 cucchiaiate di olio d'oliva
1 libbra di pasta, fatta a mano (vedete la Prima Parte: Preparazione), con macchina a fare pane o gelata, comprata nel supermercato.
1/2 ricetta della Salsa Semplice di Pomodoro (p.40)
1 involto (8 oz.) di mozzarella, a listerelle sottili
8 once di formaggio grattugiato, parmigiano, sardo o romano (la mozzarella e i parmigiano sono gli ingredienti fondamentali, i quali potrete variare, o aggiungere, con altri ingredienti, a volontà, acciughe, salami, zucchini, qualsiasi.)

Accendete il forno a 450°, se è elèttrico: a 500°, se è a gas. Ungete una teglia con 2 cucchiaiate di olio d'oliva. Foderatevi la pasta accuratamente, stendendola con spianatoio, se è necessario. Cospargetela con la salsa di pomodoro. Spianatevi a intervalli, col dito o forchetta, pizzicotti di mozzarella. Cospargete la salsa col formaggio grattugiato e versatevi 2 cucchiaiate di olio d'oliva. Cuocete al forno per 15 minuti. Esaminate il fondo per vedere se ha rosolato e pare croccante, e se la salsa ha comminciato a gorgogliare. Togliete la pizza e lasciatela freddare per 5 minuti prima di tagliarla e servirla.

PART II:MAKING THE PIZZA

4 tablespoons olive oil
1 lb bread dough, made either by hand (see Part I: THE DOUGH), in a bread machine, or purchased frozen at the supermarket
1/2 recipe Basic Tomato Sauce (see p.41)
1 package (8 oz.) shredded mozzarella
8 oz. grated parmesan, sardo or romano cheese (Note: the mozzarella and parmesan are basic ingredients, which you may vary, or add to, with any food that strikes your fancy, anchovies, salami, zucchini, you-name-it.)

Preheat oven to 450°, if it is electric; to 500°, if it is gas. Spread 2 tablespoons olive oil over baking sheet or a round pizza pan. Spread out the dough evenly, using a small rolling pin, if necessary. Ladle out the tomato sauce evenly over the dough. Place clumps of mozzarella at even intervals over the sauce. Sprinkle the grated cheese over the sauce. Sprinkle 2 tablespoons oil over the entire surface of the pizza and bake 15 minutes. Examine the bottom to be sure it has browned and looks crispy, and the top, to see that it is bubbling. Remove the pizza and set it aside 5 minutes before cutting and serving it.

CARNE, PESCI E POLLAME

L'appetito viene mangiando.

MEAT, FISH AND FOWL

The consumption of meat, fish and fowl varies from one part of Italy to another. The breeding of cattle depends on land available for grazing. Those living in the lower boot and on the islands have never been famed as steak eaters. Up north, on the other hand, beef is more common. Florence, for one, is famous for its steaks.

Fish is found in cities near the water. Palermo, Catania, Bari, Genoa,Venice are famous for their fish dishes. But chicken is a specialty of Italians everywhere, an inexpensive meat available to all.

And practically everywhere, you will find Italians eating parts of the animals — tripe, throat and lungs, entrails, etc. that are often discarded in America. I have included a few recipes for these foods. Try them; you'll find, as have the Italians, that they are among the tastiest and most nourishing of foods.

Appetite comes with eating.

LE POLPETTE DI DONNA BETTINA

1 libbra di carne magra di manzo o di vitello macinata
3 fette di pane italiano
1/2 coppa di parmigiano o sardo grattugiato
1/2 coppa di prezzemolo italiano finemente tritato
3 spicchi d'aglio finemente tritato
3 uova frullate
2 cucchiaine di sale e 2 di pepe
1/4 coppa di olio d'oliva

Mettete la carne in un terrina. Inbevete il pane in acqua e spremetelo per togliergli l'acqua. Aggiungetelo e tutti gli altri ingredienti alla carne, tranne l'olio. Mescolatela bene, versandovi alcune goccie di acqua se diventa troppo asciutta e fate col composto delle polpette rodonde, grosse come un uovo. Friggetele nell'olio e ritiratele quando avranno rosolato. (Se volete evitare la frittura, le potete cuocere nel forno per 20 a 30 minuti a 450°, rivoltandole a mezza cottura.) Servitele calde con contorni e insalata. Si possono anche cuocere per 30 minuti in una Salsa Semplice di Pomodoro (vedi p.40) e servirle con pasta e parmigiano grattugiato.

Servirà 6 a 8 persone.

DONNA BETTINA'S MEATBALLS

1 pound chopped lean beef or veal
3 slices Italian bread
3/4 cup grated parmigiano or sardo cheese
1/2 cup finely chopped Italian parsley
3 cloves garlic, finely chopped
3 eggs, slightly beaten
2 tablespoons each: salt and pepper
1/4 cup olive oil

Place meat in a large bowl. Soak bread in water, squeeze dry, and add to meat with all the ingredients, except the olive oil. Mix thorougly, adding water, if the mixture becomes too dry. Shape into balls the size of an egg. Fry in hot oil until golden brown. (If you wish to avoid frying, bake them for 20-30 minutes at 450°. Turn them at half time.) Serve hot with vegetables and salad. They can also be cooked for 30 minutes in a Basic Tomato Sauce (p.41) and served with pasta and grated parmigiano.

Makes 6 to 8 servings.

GAMBERI ALLA DON PEPPINO

30 grossi ez-peel gamberi, cui gusci sono già tagliati e si possono aprire facilmente
1/4 coppa di olio d'oliva, usato in porzioni
1 coppa di riso
2 coppe di acqua, condita con una cucchiaina di sale
1 cucchiaiata di sale
1/4 coppa di sceri secco

Sbucciate i gamberi e friggete i gusci in una padella in 1/2 cucchiaio di olio. Quando divengono colore d'arancia, gettateli via, versate un po' di acqua nella padella e mescolate il fondo e, a alto fuoco, fatela bollire per un momento.Versate questo brodo e 2 coppe di acqua in una piccola casserola e aggiungetevi il riso. Coprite la casserola e fatelo bollire un momento a alto fuoco; poi abbassate il fuoco e fate cuocere a basso fuoco per 15 minuti. Mettete la casserola a parte col coperchio per mantener il riso caldo. Versate il resto dell'olio nella padella dopo averla asciugata. Salate i gamberi e friggeteli a medio fuoco. Ritirateli dalla padella quando avranno rosolato. Versate lo sceri nella padella e alzate il fuoco per 2 minuti, sempre rascando il fondo della padella. Versate questo unto sopra i gamberi e serviteli con il riso.

Servirà 6 a 8 persone.

SHRIMPS A LA DON PEPPINO

30 large ez-peel shrimps; these are already deveined and the shell is easily removed
1/4 cup olive oil, divided
1 cup rice
2 cups water, seasoned with 1 teaspoon salt
1 tablespoon salt
1/4 cup dry sherry

Remove shells from shrimp and fry them in 1/2 tablespoon olive oil until orange in color. Discard the shells. Add a little water to the frying pan, deglaze by stirring, bring it to a boil and turn off the flame. Pour this broth into a small pot, add the rice and the 2 cups water, cover, bring to a boil and simmer at low heat for 15 minutes. Set aside. Wipe the frying pan. Wash the shrimp in cold water, dry, salt and fry them, at medium heat, in the same pan, with the remaining olive oil. When completely pink, turn off the heat and remove the shrimps to a warm plate. Deglaze the pan with the sherry and pour over the shrimp. Serve with the rice.

Makes 6 to 8 servings.

ROGNONI DI VITELLO AL VINO ROSSO

2 rognoni di vitello
1 coppa di vino rosso secco
4 cucchiaiate di olio d'oliva
1 cucchiaia di sale
1 rametto di rosmarino fresco o una cucchiaiata di rosmarino secco

Togliete il grasso dalla parte disotto dei rognoni, tagliateli in bocconi e marinateli nel vino la sera prima di cuocerli o 2 ore prima. Scolate e gettate via la marinata e asciugate i rognoni. Friggeteli nel olio in una casserola per 15 a 20 minuti, a medio fuoco, salateli e aggiungetevi il rametto di rosmarino, mescolando continuamente.Quando avranno cambiato colore e sono diventati un po' asciutti, togliete il rametto di rosmarino e serviteli.

Servirà 6 a 8 persone.

VEAL KIDNEYS IN WINE MARINADE

2 veal kidneys
1 cup dry red wine
4 tablespoons olive oil
1 tablespoon salt
1 sprig fresh rosemary or 1 tablespoon dry rosemary

Remove the fat from the underside of the kidneys and cut them up into bite-size pieces. Marinate them in wine overnight or for 2 hours before cooking. Remove them from the marinade and dry them. Discard the marinade. Fry them in the olive oil in a casserole at medium heat for 15 to 20 minutes. Add salt and rosemary and stir constantly. When they have changed color and have become somewhat dry, remove the sprig of rosemary and serve them hot.

Makes 6 to 8 servings.

OSSOBUCO AL MARSALA

1 cucchiaiata di sale
4 pezzi di ossobuco, uno per ogni invitato
1/3 coppa di olio d'oliva
vari spruzzi di macino da pepe
1/4 coppa di marsala o sceri secco
1/2 coppa di salsa semplice di pomodoro (vedi p.40)
2 rametti di rosmarino o una cucchiaiata di rosmarino secco

Condite gli ossobuchi con sale e pepe. In una casserola, friggeteli nell'olio a alto fuoco. Ritirateli quando avranno preso colore e metteteli a parte. Spegnete il fuoco e versate il vino nella casserola e rascate il fondo con una padella di legno. Rimettete la carne nella casserola, aggiungetevi la salsa di pomodoro e il rosmarino e cuocetela a fuoco basso per 30 minuti o quando la punta affilata di un coltello la penetra facilmente. Togliete i rametti di rosmarino e servite la carne con riso o pasta. Ungete il contorno con il sugo della carne.

Servirà 4 persone.

VEAL SHANKS IN MARSALA

This is the famous veal shank; the bone (*osso*) with a hole (*buco*) in it is full of a delicious marrow.

1 tablespoon salt; several turns of pepper mill
4 ossobucos, one for each dinner guest
1/3 cup olive oil
1/4 cup marsala or dry sherry
1/2 cup Basic Tomato Sauce (see p.41)
2 sprigs fresh rosemary or 1 tablespoon dry rosemary

Salt and give several turns of pepper mill to the ossobucos. In a large saucepan, fry them in the olive oil, at high heat, until they are brown on both sides. Turn off the heat and remove the meat; add the wine to the pan and deglaze, scraping the bottom with a wooden pallet. Return the meat to the saucepan, add the tomato sauce and the rosemary and cook covered at low heat for 30 minutes or when the tip of a sharp knife can easily pierce the meat. Remove the rosemary and serve with rice or pasta, using the sauce to flavor it.

Makes 4 servings.

SPEZZATINO DI VITELLO CON PISELLI

1 libbra di vitello magro tagliato in pezzetti
1 cucchiaiata di sale e 4 spruzzi di macinino da pepe
1/4 coppa di olio d'oliva
1/3 coppa di salsa semplice di pomodoro (vedi p. 40)
1/4 coppa di marsala o sceri secco
1 rametto di rosmarino fresco o un cucchiaio secco
1 scatola di 15 once di piselli di primavera
3 coppe di riso già cotto

Condite la carne con sale e pepe a friggetela in una casserola nell'olio a alto fuoco, mescolandola constantemente. Quando avrà rosolato, spegnete il fuoco e ritirate la carne dalla casserola. Versate il vino nella casserola e rascate il fondo con una padella di legno, mescolandolo col unto che vi è rimasto. Rimettete la carne nella casserola e aggiungetevi la salsa di pomodoro e il rosmarino e cuocetelo a medio-basso fuoco per 20 minuti, mescolando sovente. Scolate i piselli e aggiungeteli alla carne, sempre mescolando, e cuocete a medio fuoco per 15 minuti. Togliete il rametto di rosmarino e servite lo spezzatino con riso.

Servirà 5 a 6 persone.

VEAL STEW WITH PEAS

1 pound lean veal stew meat, cut up in chunks
1 tablespoon salt, 4 turns of pepper mill
1/4 cup olive oil
1/3 cup Basic Tomato Sauce (see p.41)
1/4 cup marsala or dry sherry
1 sprig fresh rosemary or 1 tablespoon dry
1 can (15 oz.) early June peas
3 cups cooked rice

Season the meat with salt and pepper. Fry in a casserole in olive oil at high heat, and when brown, turn off the heat and remove meat from casserole. Add marsala to pan, scraping the bottom to deglaze. Return meat to casserole, add tomato sauce and rosemary, cover and cook at medium-low heat for 20 minutes, stirring frequently. Drain the peas and stir them into the meat. Cook at medium heat for 15 minutes. Remove rosemary and serve with rice.

Makes 5 to 6 servings.

POLLO ALLA CACCIATORA

2 gambe di pollo, tagliate in due, 2 petti separate in mezzo; totale di 8 pezzi
1/2 coppa di farina, condita con sale e pepe
1 cipolla grossa, tritata
1 spicchio d'aglio schiacciato
1 scatola (15 once) di pomodoro in pezzetti
1/2 coppa di vino rosso secco
1 coppa di funghi tagliati in listerelli
1 cucchiaiata di prezzemolo italiano, tritato
1 cucchiaina di rosmarino secco
1 cucchiaia di sale; 1 cucchiaina di pepe

Passate i pezzi di pollo nella farina e cuoceteli in una casserola nell'olio caldo. Ritirateli quando avranno rosolato di tutti i lati (12 minuti), e metteteli a parte. Fate rosolare la cipolla e l'aglio nello stesso olio. Aggiungetevi il pollo, il pomodoro e il vino. Coprite la casserola e cuocete a fuoco basso per 30 minuti. Poi aggiungetevi i funghi, il prezzemolo, il rosmarino, il sale e il pepe. Cuocete per altri 15 minuti. Servitelo con riso.

Servirà 6 a 8 persone.

CHICKEN HUNTER-STYLE

4 chicken legs, cut in half, 2 breasts, cut in half;
  8 pieces in all
1/2 cup flour seasoned with salt and pepper
1/3 cup olive oil
1 large onion, chopped
1 clove garlic, crushed
1 can (15 oz.) crushed tomatoes
1/2 cup dry white wine
1/2 cup sliced mushrooms
1 tablespoon chopped Italian parsley
1 teaspoon dried rosemary
1 tablespoon each: salt and pepper

Coat chicken with flour; heat oil in saucepan. Brown chicken on all sides in hot oil. (12 minutes) Remove chicken and sauté onions and garlic until tender. Return chicken to pan and add tomatoes and wine. Cover and simmer for 30 minutes. Stir in mushrooms, parsley, rosemary, salt and pepper and continue cooking for 15 minutes. Serve with rice.

Makes 6 to 8 servings.

SALSICCE E PEPERONI

10 salsicce italiane, dolci o ardenti. Il macellaio di ogni supermercato prepara salsicce italiane, ben' condite.
6 peperoni grandi, tagliati in 8 fette, i loro semi tolti
1/2 cucchiaiata di sale
1/4 coppa di olio d'oliva
1/4 coppa di sceri secco

Accendete il forno a 500°

Pungete le salsicce da ogni lato con una forchetta. Mettetele in una teglia e cuocetele nel forno per 25 minuti, girandole ogni 10 minuti. Riscaldate l'olio in una padella, aggiungetevi i peperoni, spruzzati con sale e friggetele per 15 minuti, mescolandi sovente. Unitevi le salsicce e lo sceri, coprite la padella e cuocetele a fuoco basso per 15 minuti, mescolando di quando in quando.

Servirà per 5 a 6 persone.

SAUSAGES AND PEPPERS

10 links sweet or hot Italian sausages. The butcher of most supermarkets produces fresh, properly seasoned Italian sausages.
6 large green peppers, cut into 8 strips and seeded
1/2 tablespoon salt
1/4 cup olive oil
1/4 cup dry sherry

Heat oven to 500°

Prick the sausages with a fork, on all sides, place them in a baking pan and bake them for 25 minutes, turning them every 10 minutes. In a frying pan, salt the peppers and fry them in the olive oil for 15 minutes, stirring them constantly. Add the sausages and sherry, cover and cook at low flame for 15 minutes.

Makes 5 to 6 servings.

PETTINI ALLA TRINACRIA

1/3 coppa di olio d'oliva
15 pettini di mare grossi
1 cipolla, tritata
1/2 libbra di patate tagliate a dadini
1/2 coppa di sedano tagliato a dadini
1/4 libbra di olive nere o verdi, snocciolate
2 cucchiaiate di capperi, lavati, se sono salati
2 cucchiaiate di uva passa
2 cucchiaiate di pignoli
1 cucchiaina di sale; un'altra di pepe
1/2 coppa di acqua

Riscaldate l'olio in una casserola. Friggete i pettini a medio fuoco per 5 minuti. Ritirateli e metteteli a parte. Friggete la cipolla, e quando avrà rosolato, unitevi gli altri ingredienti e fateli bollire un momento. Calate il fuoco e cuocete coprito a fuoco basso per 15 minuti. Aggiungetevi i pettini, mescolate, e cuocete coprito a fuoco basso per 5 minuti.

Servirà per 5 a 6 persone.

SEA SCALLOPS A LA TRINACRIA

1/3 cup olive oil
15 large sea scallops
1 onion, chopped
1/2 pound potatoes, diced
1/2 cup celery, diced
1/4 pound black or green olives, pitted
2 tablespoons capers, washed, if salted
2 tablespoons raisins
2 tablespoons pine nuts
1 teaspoon each: salt and pepper
1/2 cup water

Heat the olive oil in a saucepan and sauté scallops for 5 minutes. Remove them and set aside. Sauté onions until golden brown. Add the remaining ingredients, bring to a boil and reduce the heat to low. Simmer covered for 15 minutes, add scallops, mix, and simmer covered 5 more minutes.

Makes 5 to 6 servings.

POLLO AL FORNO

1 pollo di $2^{1/2}$ a 3 libbre
1/4 libbra (un pacchetto) di burro fuso
4 spicchi di aglio schiacciati
6 foglie di salvia fresca o 1 cucchiaiata di salvia secca
1 cucchiaiata di sale; e vari spruzzi di machina da pepe

Accendete il forno a 375^0, se è elletrico; a 400^0, se è a gas.

Lavate il pollo di fuori e di dentro in acqua fredda e asciugatelo.Mettetelo in una teglia. Ungete l'interiore e l'esteriore con burro e fregate l'interiore con sale, pepe, l'aglio e la salvia. Salate l'esteriore e cuocetelo per 50 a 60 minuti, ungendolo di quando in quando col sugo nella teglia. Il pollo sarà cotto quando pungete una gamba col punto di un coltello e il liquido corre chiaro. Se una parte dell'interiore è ancora rossigno, continuate la cottura e quando siete soddisfatti che è interamente cotto, ritiratelo dal forno e servitelo

Servirà per 4 a 5 persone.

BAKED CHICKEN

1 $2^{1/2}$-3 pound fryer chicken
1/4 pound (1 stick) butter, melted
4 cloves garlic, crushed
6 fresh sage leaves or 1 tablespoon dried sage
1 tablespoon salt; several twists of the pepper mill

Heat oven at 375°, if it is electric; at 400° if it is gas.

Wash the fryer in cold water, inside and out and dry it. Place it in a baking dish. Brush the inside with butter, salt and pepper. Rub the inside with the garlic and sage. Brush the outside with butter and salt it. Bake for 50-60 minutes; baste frequently. The chicken is done when, piercing a thigh with the tip of a sharp knife, the juice runs clear. If any part of the chicken is still pink, return it to the oven and continue baking until satisfied it is thoroughly cooked.

Makes 4 to 5 servings.

TRIPPA ALLA FIORENTINA

2 cucchiaiate di olio d'oliva
1 cipolla tritata
2 libbre di trippa, lavata in acqua fredda e lessata in acqua salata (un giorno prima - 1 1/2 ore- o alcuni giorni prima e riservata gelata). Asciugatela e tagliatela a dadini di un dito
1 coppa di Salsa Semplice di Pomodoro (vedi p. 40)
1 carota, finemente tritata
1 cucchiaina di peperone brucciante (a volontà)
2 pizzichi di noce moscata e 2 di sale
1/2 coppa di vino rosso secco

Riscaldate l'olio in una padella e fate rosolare la cipolla. Aggiungete la trippa, la salsa, la carota, il peperone, la noce moscata e il sale e cuocete a medio fuoco per 30 minuti, mescolando sovente. Versatevi il vino e continuate la cottura per 15 minuti. Servitela quando la trippa è tenera. Si può servire con riso.

Servirà per 5 a 6 persone.

TRIPE A LA FLORENTINE

Squid and tripe are ingredients not commonly found in American cuisine. Not so in Italy, where they are prized for their exquisite taste.Try both and you will agree. The following recipe requires two steps; the first calls for boiling the tripe in salted water until tender (1 1/2 hours) before preparing it for the table. This may be done the previous evening and set aside in the refrigerator or boiled and frozen, to be used later.

2 tablespoons olive oil
1 onion, chopped
2 pounds tripe, washed in cold water, boiled until tender, dried, and cut into 1-inch squares
1 cup Basic Tomato Sauce (see p. 41)
1 carrot, finely chopped
1 teaspoon hot red pepper (optional)
2 pinches each: nutmeg and salt
1/2 cup dry red wine

Heat the oil in a frying pan, sauté onions until soft. Add tripe, tomato sauce, carrots, pepper, nutmeg and salt and cook at medium heat for 30 minutes, stirring frequently. Add wine and cook for another 15 minutes. May be served with rice.

Makes 5 to 6 servings.

I CONTORNI

I contorni fanno risaltare i secondi.

SIDE DISHES

Run your eye over the recipes included in this section. What do you see? Vegetables, of course. Italians may love pasta, but they also love vegetables, almost equally well — vegetables of all kinds., Because meat has been scarce, most of Italy has survived, over the millenia, on vegetables. This is especially true of the lower boot, Sicily and Sardinia.

But vegetables have not only secured their survival, Italians have simply loved them. Most lunches, even in today's sophisticated environs, consist of bread, a piece of cheese or a minestrone, a boiled green with a dollop of olive oil and a piece of fruit.

No wonder then that most of their side dishes are vegetables, cooked with loving care, as though they were the main dish. They are never "thrown in" as a filler; they make up an important part of the meal.

But then, there is nothing special in this, for, don't you see, Italians love all their food.

Side dishes make the main course leap out.

POLPETTINE DI PATATE

1 libbra di patate
1 cucchiaiata di burro
1 torlo d'uovo
2 cucchiaiate di prezzemolo italiano tritato
1 cucchiaiana di sale
1/3 coppa di parmigiano
1/2 coppa di latte riscaldato
1/3 coppa di pangrattato
1/4 coppa di olio d'oliva

Lessate le patate, e quando sono tenere, ritiratele dal fuoco. Quando hanno freddato, mondatele e pestatele in un tegame, rendendole come una pasta. Aggiungetevi il burro, il torlo d'uovo, il sale e il prezzemolo e rimestate il tutto ben'bene. Aggiungetevi il formaggio e rimestate. Se la pasta diventa troppo secca, versatevi il latte a gocce. E quando avete una pasta ferma e umida, formate tante polpettine della grossezza di un uovo, le quali avvolgerete nel pangrattato e farete rosolare in una teglia, nell'olio a fuoco moderato, rivoltandole delicatamente quando abbian' preso il colore da un lato.

Servirà per 6 a 8 persone.

POTATO CROQUETTES

1 pound potatoes
1 tablespoon butter
1 egg yolk
2 tablespoons Italian chopped parsley
1 teaspoon salt
1/3 cup parmesan cheese
1/2 cup warm milk
1/3 cup bread crumbs
1/4 cup olive oil

Boil the potatoes and cook them until tender. When they are cool, peel them, put them in a bowl, and mash them. Add butter, egg yolk, parsley and salt, and mix them well. Add the parmesan and mix well. If the mixture becomes too dry, add the milk a few drops at a time, mixing well, until you have a firm, moist paste. Form the potatoes into small balls, the size of an egg, and roll them in the bread crumbs. Heat the oil in a frying pan and fry the croquettes in medium-hot oil, a few at a time. Turn them over when they are brown on one side.

Makes 6 to 8 servings.

RAPINI ALL'AGLIO

Questa è la forma selvatica dei broccoli, chiamata rapini in Italia, ove la sua amarezza aguzza è molto apprezzata. Qua si chiamano broccoli rabe. Questa pietanza si può preparare con broccoli o spinaci invece dei rapini

3 spicchi d'aglio mondato
1/2 coppa di olio d'oliva
1 1/2 libbre di rapini, lavati, asciugati, e tagliati
in 4 parti.
1 cucchiaina di sale

In una padella, fate rosolare l'aglio nell'olio. Aggiungetevi i rapini, salateli e cuoceteli a alto fuoco, sempre mescolando, per 5 minuti. Coprite la padella, abassate il fuoco a medio e cuocete affinchè divengano teneri (8 a 10 minuti). Scoprite la padella e continuate a cuocere a alto fuoco, sempre mescolando, per 3 minuti. Serviteli caldi come contorno.

Servirà 6 a 8 persone.

SAUTÉED BROCCOLI RABE

Called *rapini* in Italy, this wild form of broccoli is prized for its sharp bitterness. Sold here as broccoli rabe. May also be prepared with spinach or broccoli instead of the rabe.

3 cloves garlic, peeled
1/2 cup olive oil
1 1/2 pounds broccoli rabe, washed, dried and cut into four parts.
1 teaspoon salt

In a frying pan, sauté the whole garlic cloves in the olive oil, until they color. Add the broccoli rabe, salt and stir constantly for five minutes at high heat. Cover and continue cooking at medium heat until the rabe soft-ens (8 to 10 minutes). Uncover, raise the heat to high, keep stirring for 3 minutes. Serve hot as a side dish.

Makes 6 to 8 servings.

FUNGHI ALL'AGLIO

2 cucchiaiate di olio d'oliva
3 spicchi d'aglio, tritati
1 libbra di funghi, puliti accuratamente con un tovagliuolo di carta, ma non lavati; (il lavare li rende inzuppati di acqua e rovina il loro gusto) tagliati a fette
1 cucchiaina di sale

Riscaldate l'olio in una padella e rosolate l'aglio. Aggiungetevi i funghi e cuoceteli a medio fuoco, rimestando sovente. Serviteli quando saranno teneri. (10 a 12 minuti)

Servirà 6 a 8 persone.

Non si fa nessuna frittata senza rompere le uova.

MUSHROOMS SAUTÉED WITH GARLIC

2 tablespoons olive oil
3 cloves garlic, sliced
1 pound mushrooms, wiped clean gently, but not washed; (washing makes them waterlogged and ruins their taste) sliced
1 teaspoon salt

Heat oil in a frying pan. Sauté garlic until brown, then add the mushrooms, salt them, and cook them at medium heat, stirring them frequently, until soft (10 to 12 minutes).

Makes 6 to 8 servings.

You can't make an omelette without breaking eggs.

FAGIOLINI VERDI ALL'OLIO

Non disprezzate questa pietanza per essere troppo semplice.I fagiolini verdi, lessati e teneri al dente, con uno spruzzo di olio d'oliva vi daranno un gusto naturale squisito.

1 libbra di fagiolini verdi, le punte assettate e tagliati a pezzetti
1 cucchiaiata di sale
1 1/2 cucchiaiate di olio d'oliva extra vergine

Lessate i fagiolini in una pignata mezzana con abbastanza acqua salata per coprirli. Quando saranno teneri, scolateli e metteteli in una scodella. Versatevi l'olio, mescolateli e serviteli caldi.

Servirà 6 a 8 persone.

STRING BEANS, BOILED AND OILED

Don't turn away from this dish because of its simplicity. Add a splash of raw olive oil to string beans, boiled to a crisp tenderness, and you will highlight their lovely natural taste.

1 pound string beans, both ends clipped off and cut into bite-size pieces
1 tablespoon salt
1 1/2 tablespoons extra virgin olive oil

Place beans in a small pot with enough water to cover them, add salt and boil them until tender. Drain them, place them in a bowl, stir in the olive oil and serve them hot.

Makes 6 to 8 servings.

PATATE FRITTE

1 1/2 libbre di patate da bollire
1/4 coppa di olio d'oliva fino
1 cucchiaina di sale

Mondate le patate, lavatele in acqua fredda, asciugatele e tagliatele a fette fine. Riscaldate l'olio in una padella grande. Friggete le patate a medio fuoco e quando avranno rosolato da un lato, rivoltatele. Quando avranno rosolato di tutti e due lati, salatele, ritiratele e mettetele in una scodella.

Servirà 4 a 6 persone.

PANFRIED POTATOES

1 1/2 pounds boiling potatoes
1/4 cup light olive oil
1 teaspoon salt

Peel the potatoes, wash them in cold water, dry them and cut them into thin slices. Heat the oil in a large frying pan. Fry the potatoes at medium heat, and when brown on one side, turn them over (10 minutes) and continue frying until both sides are golden brown. Salt them and remove them to a platter (10 minutes).

Makes 4 to 6 servings.

ASPARAGI FRITTI

2 libbre di asparagi freschi
1/4 coppa di olio d'oliva leggero
1 cucchiaina di sale

Lavate gli asparagi in acqua fredda e asciugateli; spezzateli in 3 parti. Gettate via la parte dura inferiore del gambo. Riscaldate l'olio in una padella e mettetevi i pezzetti della parte media del gambo. Cuocete a medio fuoco per 12 minuti, rimestando sovente. E quando comiciano a divenire teneri, aggiungetevi i pezzetti i più teneri, e continuate la cottura (15 minuti). Quando diventano teneri, conditeli con sale e serviteli caldi.

Servirà 4 a 6 persone.

Troppo zucchero guasta la salsa.

SAUTÉED ASPARAGUS

2 pounds fresh asparagus
1/4 cup light olive oil
1 teaspoon salt

Wash the asparagus in cold water and dry them; break them up into 3 parts. Discard the hard bottom part. Separate the top and middle parts. Heat the oil in a frying pan and sauté the middle segments for 12 minutes at medium heat, stirring frequently. When these have begun to soften, add the top pieces, stir and sauté for another 15 minutes, and when tender, season with salt and serve hot.

Makes 4 to 6 servings.

Too much sugar spoils the sauce.

CAVOLFIORE AL FORNO

1 cavolfiore mezzano
1 cucchiaia di sale
1/4 coppa di pangrattato
1/4 coppa di parmigiano grattato
2 cucchiaie di olio d'oliva

Accendete il forno a 350°.

Spezzate il cavolfiore e gettate via le foglie esteriori. Separate i fioretti, lavateli in acqua fredda e lessateli in una pignata con acqua salata, per 5 minuti. Scolateli e rolateli nel pangrattato e poi nel parmigiano grattato. Metteteli in una teglia e conditeli con due gocce di olio. Cuoceteli nel forno per 30 minuti.

Servirà 4 a 6 persone.

BAKED CAULIFLOWER

1 medium-sized cauliflower
1 tablespoon salt
1/4 cup bread crumbs
1/4 cup grated parmesan cheese
2 tablespoons olive oil

Heat oven to 350^{0} F.

Break up cauliflower; discard outer leaves and separate the florets. Wash these in cold water and place them in a pan with salted water. Boil them for 5 minutes or until half done. Drain and roll in bread crumbs and then in the parmesan cheese. Place in a baking pan and pour a few drops of oil on each floret. Bake for 30 minutes.

Makes 4 to 6 servings.

ZUCCHINI CON POMODORO

1 1/2 libbre di zucchini, fra piccoli e mezzani
1/2 coppa di olio d'oliva
1/2 coppa di cipolla tagliata a fette sottili
1 cucchiaiata di aglio tritato
1/2 coppa di pomodori tritati a dadini
1 cucchiaina di sale
6 foglie di basilico fresco, tritato

Lavate gli zucchini, fregandoli con spazzolino per tornar la buccia liscia. Tagliateli in dischi di 1/2". Riscaldate l'olio in una pignata e rosolate la cipolla e l'aglio. Aggiungetevi gli zucchini e cuoceteli a medio fuoco per 10 minuti, mescolando sovente. Aggiungetevi i pomodori e il sale e continuate la cottura per 10 minuti, o affinchè il brodo non sia più acquoso. Mescolatevi il basilico e serviteli caldi.

Servirà 4 a 6 persone.

STEWED ZUCCHINI WITH TOMATOES

1 1/2 pounds young zucchini, small to medium
1/2 cup olive oil
1/2 cup sliced onion
1 tablespoon chopped garlic
1/2 cup diced tomatoes
1 teaspoon salt
6 fresh basil leaves, chopped

Scrub the zucchini until the skins are smooth. Cut off the ends and slice them into 1/2-inch disks. In a medium-sized pot, heat the oil and sauté the onions and garlic until brown. Add the zucchini and sauté at medium heat for 10 minutes, stirring frequently. Add the tomatoes and salt. Stir and continue cooking for 10 minutes or until the liquid is no longer watery. Stir in the basil and serve.

Makes 4 to 6 servings.

POMODORI FRITTI

3 pomodori grossi
1 cucchiaina di sale
1 coppa di farina
1 uovo, sbattuto e spolverizzato con un poco di sale
1 coppa di molliche di pane
1/4 coppa di olio d'oliva

Lavate i pomodori in acqua fredda e tagliateli in grosse fette di 1/2 *inch*. Gettate via la fetta inferiore e quella di cima. Toglietevi i semi, spolverizzateli con un poco di sale e infarinateli. Passateli nell'uovo e poi nelle molliche di pane. Friggeteli in una padella nell'olio a alto fuoco. Quando avranno rosolato da un lato, girateli all'altro lato e finite di cuocere (10 minuti).

Servirà 4 persone.

FRIED TOMATOES

3 large tomatoes
1 teaspoon salt
1 cup flour
1 egg, beaten, with a few pinches of salt
1 cup bread crumbs
1/4 cup olive oil

Wash tomatoes in cold water and cut them into 1/2-inch slices. Discard the top and bottom ends. Remove seeds and salt them. Dip them in flour, then in the beaten egg and, finally, in the bread crumbs. Heat the oil in a frying pan and add the tomatoes. Fry at high heat. Turn them when brown on one side, and continue frying (10 minutes). Serve hot.

Makes 4 portions.

LE INSALATE

Le insalate rinfrescano la bocca e lo stomaco.

SALADS

Almost all Italian salads are made with wine vinegar, olive oil and salt. Real wine vinegars are very expensive at the super markets. Believe me, you can make one of the best wine vinegars at home. Purchase a gallon of the least expensive dry red wine. Pour out one and a half pints and fill the gallon with white vinegar. Set aside in a cool, dry corner. Shake thoroughly every so often. Two months later, you will have a delicious wine vinegar. You can vary the flavor by dividing the contents into four quart bottles and adding one of the following to each bottle: fresh rosemary, fresh basil, fennel leaves or 4 cloves of garlic cut in half.

Salads refresh the mouth and the stomach.

CETRIOLI IN INSALATA

4 cetrioli
1/2 cucchiaina di sale
1 cucchiaiata di olio d'oliva
1 cucchiaiata di aceto di vino
1/2 cucchiaina di pepe

Prima di cominciare a preparare la cena, mondate i cetrioli e tagliateli a fette trasversalmente. Metteteli in un piatto, salateli, compriteli con altro piatto, e lasciateli così per una ora, affinchè scolino la loro acqua. Poi sgocciolateli e conditeli con olio, aceto, e pepe.

Servirà 6 a 8 persone.

È meglio un uovo oggi che una gallina domani.

CUCUMBER SALAD

4 cucumbers
1/2 teaspoon salt
1 tablespoon olive oil
1 tablespoon wine vinegar
1/2 teaspoon pepper

When you begin to prepare dinner, peel the cucumbers and cut them into round slices. Place them on a plate and salt them. Cover them with another plate, and when dinner is ready to be served, drain off the liquid, seed them and season them with oil, vinegar, and pepper.

Makes 6 to 8 servings.

Better an egg today than a hen tomorrow.

INSALATA DI PATATE

1 libbra di patate
1 cucchiaiata di capperi sotto aceto
1 piccolo cetriolo, mondato, sgocciolato e tritato
1/2 coppa di cipolle tritate
1 costola di sedano tritato
4 filetti di acciughe tritate
1 cucchiaiata di olio d'oliva
1 cucchiaiata di aceto di vino
1 cucchiaiata di sale
1 cucchiaiata di pepe

Lavate le patate in acqua fredda, lessatele e quando sono cotte, mondatele e tagliatele a fette sottili. Mettetele in una insalatiera. Preparate in una scodella, un battuto composto con gli altri ingredienti, mescolatelo bene e condite le patate con questa miscela.

Basterà per 6 persone.

POTATO SALAD

1 pound potatoes
1 tablespoon capers in vinegar
1 small cucumber, peeled, seeded and chopped
1 green pepper, seeded and chopped
1/2 cup chopped onions
1 stalk celery, chopped
4 anchovy filets, chopped
2 tablespoons olive oil
1 tablespoon vinegar
1 tablespoon salt
1 tablespoon pepper

Wash the potatoes in cold water and boil them. When they are soft, peel them and slice them. Mix all the other ingredients thoroughly in a bowl. Pour this mixture over the potatoes and stir gently.

Makes 6 servings.

INSALATA DI FUNGHI CRUDI

1 libbra di funghi freschi, sottilmente tritati
3 cucchiaine di aceto di vino
1/3 coppa di cipolline verdi tritate
4 cucchiaiate di olio d'oliva
1/2 cucchiaina di sale

Prima di tritare i funghi, puliteli gentilmente con un tovagliolo, togliendovi qualsiasi materia strana. Ma non li lavate con acqua, perchè divengono inzuppati e perdono il loro sapore. In una scodella, mescolate leggermente i funghi con l'aceto. Aggiungetevi gli altri ingredienti e mescolate accuratamente.

Servirà 6 a 8 persone.

Bisogna romprere la noce per mangiar il nocciuolo.

RAW MUSHROOM SALAD

1 pound fresh mushrooms,thinly sliced
3 teaspoons wine vinegar
1/3 cup thinly sliced scallions
4 tablespoons olive oil
1/2 teaspoon salt

Before slicing the mushrooms, clean them gently with a napkin, paper or cloth. Simply brush off any foreign material. Do not wash them in water, for they will become waterlogged and will lose their flavor. Lightly toss the mushrooms in a serving bowl with the vinegar. Add the scallions, oil, salt, and toss gently.

Makes 6 to 8 servings.

You have to crack the shell to eat the nut.

INSALATA DI POMODORI

6 pomodori maturi, ma solidi, tagliati in fette di 1/4 di pollice
1/2 coppa di olio d'oliva
2 cucchiaiate d'aceto di vino
2 cucchiaiate di basilico fresco tritato
1 spicchio d'aglio sottilmente tritato
1 scalogno mezzano, mondato e tritato
1 cucchiaiata di prezzemolo italiano sottilmente tritato
1 cucchiaina di sale

Mettete le fette di pomodoro in un piatto. Mescolate ben bene gli altri ingedienti, e con questa miscela ungete i pomodori.

Servirà 6 a 8 persone.

TOMATO SALAD

6 medium, firm, ripe tomatoes, sliced 1/4 inch thick
1/2 cup olive oil
2 tablespoons wine vinegar
2 tablespoons freshly chopped basil
1 clove garlic, finely chopped
1 medium-sized shallot, peeled and chopped
1 tablespoon finely chopped Italian parsley
1 teaspoon salt

Arrange the tomato slices on a flat plate. Mix the other ingredients in a bowl and sprinkle this mixture over the tomatoes.

Makes 6 to 8 servings.

INSALATA DI FINOCCHIO

1 finocchio fiorentino grosso (questo è il finocchio con fusto alto, fiori in ombrelle, e grosso bulbo bianco)
3 cucchiaiate di olio d'oliva
1 cucchiaina di sale
6 spruzzate di macino da pepe

Tagliate i fusti e le foglie e gettateli via. Lavate il bulbo in acqua fredda, asciugatelo, tagliatelo a fette fine e mettetelo in una scodella. Versatevi l'olio e conditelo con sale e pepe, mescolando delicatamente. N.B. il finocchio si può mangiare crudo, tagliato in pezzi grossi, senza condimenti.

Servirà 4 a 5 persone.

Chi del vino è amico, di se stesso è nemico.

FENNEL SALAD

1 large Florentine fennel (this is the fennel with long ferny stalks and leaves and a large white bulb)
3 tablespoons olive oil
1 teaspoon salt
6 turns of the pepper mill

Cut off the upper part of the fennel, wash the bulb in cold water, dry it and cut it into thin strips. Put it into a bowl and season it with the oil, salt and pepper, tossing it gently. N.B. the fennel may be cut into large pieces and served as a salad without condiments.

Makes 4 to 5 servings.

He who is a friend of wine is his own enemy.

LA FRUTTA E I DOLCI

I frutti proibiti sono i più dolci.

FRUITS AND DESSERTS

Fruit is the Italian's dessert. Sweet desserts are exquisite throughout the peninsula and the islands, but they do not replace fruit as the cap to a meal. They are prepared with the ingredients available locally. Many hark back to their ethnic past. In Sicily, the desserts, among the most delicious in Italy, are Arabic in origin, reverting back to the Saracens, who ruled the island from the ninth to the eleventh century. Desserts are the specialty of pastry shops, but most are made at home on special occasions, birthdays, weddings, and holidays. Every Italian, peasants included, knows how to make delicious desserts; each has his own specialty, handed down to him by his ancestors. But fruit continues to be Italy's main dessert. Sweets are eaten on special occasions and, increasingly, as the country becomes more urbanized, in coffee shops in the afternoon or during the after-supper promenade.

Forbidden fruit is the sweetest.

LA FRUTTA E LA MACEDONIA

È rara la famiglia che non offra frutta al terminar la cena. Ogni membro de la famiglia, la monda, la taglia e la mangia se stesso. Vi si offre anche agli invitati, ma, di quando in quando, la famiglia offre loro una macedonia, che consiste della frutta in stagione.Gli ospidi la mondano, la tagliano in pezzetti, la mettono in una scodella, aggiungono zucchero, un po' di succo di arancia, e forse uno spruzzo di marsala o di cognac ed ecco, la macedonia.

FRUIT AND FRUIT SALAD

Rare is the household that does not have a bowl of fruit on the dinner table. Fruit is the family's dessert. It is peeled, cut and eaten by everyone at table. The same dessert is offered to guests, though, to spare them the peeling and cutting, a fruit salad is often prepared; sugar, orange juice and a splash of marsala or cognac are added to make a delicious fruit salad. The Italians call it a *macedonia* (mah chay DOUGH nee uh).

LE PESCHE IN VINO

Quando le pesche si trovano nel mercato in abbondanza, gli Italiani si regalano con le pesche in vino.

4, 6, 8 pesche mature
Vino rosso o bianco, secco o dolce

Prima di sedervi alla cena, prendete delle pesche ben mature, mettetle in acqua bollente per un minuto, tiratele dall'acqua, e quando avranno freddato, mondatele e taglietele in fette che metterete in vasetti secondo il numero di persone che saranno servite. Togliete loro il nocciolo. Riempiete i vasetti con vino rosso o bianco, dolce o secco, e lasciatele assorbere il vino. Servitele quando è tempo di servire i dolci.

Servirà 2 a 8 persone.

Chi non beve vino non va al paradiso.

PEACHES IN WINE

When they are available in season, Italians will regale themselves with peaches in wine.

4, 6, 8 ripe peaches
Red or white wine, dry or sweet

Before sitting down to dinner, immerse the peaches into boiling water for a minute. Remove them from the water and, when they have cooled down, peel them and slice them into as many bowls as there are guests, and discard the pit. Fill the bowls with wine, red or white, dry or sweet, and serve them at dessert time.

Makes 2 to 8 portions.

He who does not drink wine does not go to heaven.

LO ZABAGLIONE

5 torli di uovo e un uovo
6 cucchiaine di zucchero
Tanta marsala quanto ne potrebbe capire in tutti i mezzi gusci delle uova

Frullate prima le uova insieme con lo zucchero in una casseruola piccola. Versatevi il vino e continuate a frullare (per 5 minuti), mantenendo la casseruola sopra un fuoco molto basso, avvertendo che non bolla. Servitelo caldo o freddo in tazze o vasetti.

Servirà 6 persone.

A chi fa bon viso al vino,
San Pietro non fa entrar in Paradiso.

ZABAGLIONE
Custard with marsala

5 egg yolks and 1 egg
6 teaspoons sugar
6 half eggshells filled with marsala (or sweet sherry)

Beat the eggs and sugar in a small metal pot. Add the marsala and place pot over a very low flame. Keep beating until the mixture condenses, about 5 minutes. Avoid boiling. Serve hot or cold in sherbet glasses.

Makes 6 servings.

Saint Peter does not let into heaven
Him who loves wine too much

CANNOLI SICILIANI

Il cannolo è un tubicino di 4 o 5 pollici, tagliato da ogni lato a sghembo, che potrete comperare, impaccati 6 in una scatola, in qualsiasi supermercato o salumeria italiana.

6 cannoli
1 coppa di 15 once di ricotta
1/3 coppa di zucchero
2 cucchiaine di estratto di vaniglia
2 cucchiaine di estratto di mandorla
2 cucchiaiate di zucca candita
2 cucchiaiate di cioccolatta, mezzo dolce, tritata a pezzetti
alcune gocce di latte
3 ciliege maraschino, tagliate a metà

Passate la ricotta a setaccio. Aggiungetevi gli altri ingredienti, tranne le ciliege, e mescolatela ben bene. Se la miscela diventa troppo secca, versatevi alcune gocce di latte. Quando la miscela è cremosa, riempiete i cannoli di tutti e due lati e mettete una metà di ciliegia sopra la ricotta di ambi lati e serviteli.

Servirà per 6 persone.

SICILIAN CANNOLI

The *cannolo* is a 4-to-5 inch crunchy, semi-sweet shell, like an ice cream cone, bevelled and open at both ends. Packed six in a box, the *cannoli* can be purchased in most supermarkets or Italian grocery stores.

6 cannoli
1 15-ounce carton ricotta
1/3 cup sugar
2 teaspoons vanilla extract
2 teaspoons almond extract
2 tablespoons chopped candied citron
2 tablespoons semi-sweet chocolate, coarsely chopped
a few drops of milk
3 maraschino cherries cut in half

Pass the ricotta through a sieve. Add the other ingredients except the cherries and mix thoroughly into a firm creamy mixture. Add a few drops of milk, if it becomes too dry. When creamy, fill the cannoli shells at both ends and place a half cherry on the ricotta, at both ends, and serve.

Makes 6 servings.

CROSTATA CON RICOTTA

1 tortiera di 9 pollici, con crosta di pastificio
1 1/2 libbre di ricotta passata al setaccio
1/3 coppa di zucchero
1 cucchiaina di farina
1/2 cucchiaina di sale
1 cucchiaina di estratto di vaniglia
1 cucchiaina di buccia di arancia grattugiata
4 torli di uovo
1 cucchiaiata di buccia di arancia candita e una di zucca candita tagliuzzate
1 cucchiaiata di cioccolata fondente tagliuzzata
alcune gocce di latte

Accendete il forno a 300°. Lavorate tutti gli ingredienti in una terrina sino ad avere una pasta liscia e morbida. Versatevi alcune gocce di latte se diventa troppo asciutta. Versate il composto nella tortiera e cuocetela nel forno per un'ora. Prima di servire la crostata lascetela freddare.

Servirà 6 a 8 persone.

RICOTTA PIE

1 unbaked 9-inch pastry shell
1 1/2 pounds ricotta, rubbed through a coarse sieve
1/3 cup sugar
1 tablespoon flour
1/2 teaspoon salt
1 teaspoon vanilla extract
1 teaspoon freshly grated orange peel
4 egg yolks
1 tablespoon chopped candied orange peel
1 tablespoon chopped candied citron
1 tablespoon semi-sweet chocolate, chopped
a few drops of milk

Preheat oven to 300°. Combine the ingredients in a bowl and stir until they are thoroughly mixed. If the mixture becomes too dry, add a few drops of milk. Spoon this filling evenly into the pastry shell. Bake for one hour until the filling is firm. Cool before serving.

Makes 6 to 8 servings.

RECIPE INDEX: ENGLISH

ANTIPASTI

SOUPS

PASTA AND SAUCES

MEAT, FISH AND FOWL

SIDE DISHES

SALADS

FRUITS AND DESSERTS